BEI GRIN MACHT SICH IHR WISSEN BEZAHLT

AF152792

- Wir veröffentlichen Ihre Hausarbeit,
  Bachelor- und Masterarbeit

- Ihr eigenes eBook und Buch -
  weltweit in allen wichtigen Shops

- Verdienen Sie an jedem Verkauf

Jetzt bei www.GRIN.com hochladen und kostenlos publizieren

Bibliografische Information der Deutschen Nationalbibliothek:

Die Deutsche Bibliothek verzeichnet diese Publikation in der Deutschen National-
bibliografie; detaillierte bibliografische Daten sind im Internet über http://dnb.d-
nb.de/ abrufbar.

Impressum:

Copyright © 2000 GRIN Verlag, Open Publishing GmbH
Druck und Bindung: Books on Demand GmbH, Norderstedt Germany
ISBN: 978-3-638-78880-9

Dieses Buch bei GRIN:

http://www.grin.com/de/e-book/23229/zur-typologie-der-texte-grundfragen-der-
uebersetzungswissenschaft

Sybille Zahn

Zur Typologie der Texte. Grundfragen der Übersetzungswissenschaft

Klassifikationsmodelle nach Glinz, Neubert, Koller und Große sowie Texttypologie nach Reiß

GRIN Verlag

GRIN - Your knowledge has value

Der GRIN Verlag publiziert seit 1998 wissenschaftliche Arbeiten von Studenten, Hochschullehrern und anderen Akademikern als eBook und gedrucktes Buch. Die Verlagswebsite www.grin.com ist die ideale Plattform zur Veröffentlichung von Hausarbeiten, Abschlussarbeiten, wissenschaftlichen Aufsätzen, Dissertationen und Fachbüchern.

Besuchen Sie uns im Internet:

http://www.grin.com/

http://www.facebook.com/grincom

http://www.twitter.com/grin_com

Fachbereich Angewandte Sprach- und Kulturwissenschaft
der Johannes Gutenberg-Universität Mainz
in Germersheim

Referat über das Thema
„Zur Typologie der Texte"
im Rahmen des Proseminars
Grundfragen der Übersetzungswissenschaft

SS 2000

vorgelegt von Sybille Zahn

Inhaltsverzeichnis

1. Einleitung

Im Rahmen des Proseminars „Grundlagen der Übersetzungswissenschaft" beschäftigt sich dieses Referat mit dem Thema der „Typologie der Texte". Hierbei werden zunächst verschiedene Klassifikationsmodelle vorgestellt und in ihrer Relevanz für das Übersetzen eingeordnet, um einen Überblick über die Vielseitigkeit und Kontroversen innerhalb des Themengebiets zu geben. Daraufhin richtet sich das Hauptaugenmerk dann auf die von Katharina Reiß erarbeitete Texttypologie und die daraus folgend anzuwendenden Übersetzungsmethoden.

2. Relevanz der Texttypologie für das Übersetzen

Übersetzungen müssen sehr unterschiedlichen Anforderungen entsprechen, die zu einem großen Teil von der Textart abhängig sind. Um diese Anforderungen definieren und voneinander abgrenzen zu können, ist es nötig, eine übersetzungsrelevante Texttypologie zu erstellen und anzuwenden. Hierbei ist zu beachten, dass es keine absolut eindeutige und richtige Texttypologie geben kann, da keine Idealtypen von Texten existieren, sondern in der Praxis oft Mischformen und Überschneidungen dieser vorkommen. Somit kann die Typologie nur ein Hilfsmittel sein, um sich in den vielfältigen Erscheinungen zurechtzufinden.

Die Unterscheidung des jeweiligen Texttyps ist in besonderem Maße für die Wahl der adäquaten Übersetzungsmethode verantwortlich. Jeder Text hat auf Grund seines je spezifischen Charakters eine kommunikative Funktion , die es als oberstes Gebot für den Übersetzer gilt, einzuhalten und weiterzugeben. So ist für die Übersetzung eines klassischen Romans eine andere Methode und Gewichtung des Inhalts bzw. der Form vonnöten, als beispielsweise für einen Reklametext.

Um dies zu verdeutlichen und verschiedene Ansatzpunkte für Klassifikationen vorzustellen, folgen nun diverse Modelle.

3. Verschiedene Klassifikationsmodelle:

3.1 Hans Glinz

Glinz erstellte eine Texttypologie auf soziologischer Grundlage und geht dabei von den Absichten und Erwartungen der Texthersteller sowie den Erwartungen und dem Verhalten der Textbenützer aus. Somit legt er ein besonderes Augenmerk auf die verschiedenen Rollen dieser beiden Komponenten. Glinz erarbeitete insgesamt sieben Texttypen:

1. Texte, auf die man sich berufen kann, die man einklagen kann
   (z.B. Verträge, Gesetze, Verordnungen)
2. Texte, durch die jemand bei einem anderen etwas zu seinem eigenen Vorteil erreichen will (z.B. Bitte, Gerichtsrede, Werbung)
3. Texte, die den Benützer befähigen sollen, sich Wissen und Können anzueignen (z.B. Lehrbücher, Anleitungen)
4. Texte, die einfach Informationen speichern (z.B. Notizzettel, Telefonbuch)
5. Texte, die eine Information (sachlich oder personal) einem bestimmten Adressaten mitteilen sollen (z.B. Briefe, Berichte)
6. Texte, die sachliche (auf ihre Faktizität gerichtete, an ihr nachprüfbare) Informationen für beliebige Benützer bieten sollen (z.B. Sachbücher)
7. Texte, die nicht auf Nachprüfung ihrer Faktizität angelegt sind, sondern die man zur personalen Erweiterung oder auch nur zur Entspannung liest (z.B. sog. „Schöne Literatur")

Aus diesen sieben Texttypen ergeben sich für Glinz auf sie abgestimmte Übersetzungsmethoden. Diese Differenzierung ist aber schon auf Grund ihrer relativ hohen Anzahl an verschiedenen Typen für den Übersetzer unpraktikabel, um eine generelle Übersetzungsmethodik zu erarbeiten. Auch ist die nach soziologischen Gesichtspunkten betriebene Klassifikation nicht ohne Widerspruch in eine übersetzungsrelevante Typologie übertragbar. So definiert Glinz unter Punkt 7 eine homogene Gruppe von Texten. Bei der Übersetzung ist diese Gruppe aber keinesfalls als homogen einzustufen. Ob es sich bei der sogenannten „Schönen Literatur" um einen Krimi, um ein Drama oder eine Satire handelt , ist beim Übersetzen in der Praxis ein großer Unterschied. Dies erfordert ein unterschiedliches Herangehen und die Anwendung unterschiedlicher Übersetzungsmethoden. Weiterhin ergibt sich aus dieser

Klassifikation bei Punkt 3 und 5 eine für den Übersetzer nicht relevante Unterteilung. Es handelt sich in beiden Fällen um Texte, die Informationen beinhalten, deren Wiedergabe im Vordergrund steht. Die Übersetzung muss demzufolge unverkürzte und unverzerrte Informationen liefern. Auch stellt sich bei Glinz die Frage, inwiefern der unter Punkt 4 genannte Typ für den Übersetzer wichtig ist und ob dieser ihn überhaupt als eigenständigen Text definiert.

3.2 Albrecht Neubert

A. Neubert geht in besonderem Maße auf die Beziehungen zwischen Textsorte und Übersetzung ein. Er setzt vier Texttypen fest, von denen sich gleichzeitig vier Gradstufen der Übersetzbarkeit ableiten lassen, welche bei seinen Überlegungen im Vordergrund steht. So konstituiert er folgende Texttypen:

1. ausschließlich ausgangsprachlich gerichtete Texte (z.B. landeskundliche Texte mit rein ausgangssprachlichem Bezugspunkt)

2. primär ausgangsprachlich gerichtete Texte (z.B. literarische Texte)

3. ausgangssprachlich und zielsprachlich gerichtete Texte (z.B. fachsprachliche Texte)

4. primär und ausschließlich zielsprachlich gerichtete Texte (z.B. Texte für Auslandspropaganda)

Jedem dieser Typen ordnet Neubert einen anderen Grad der Übersetzbarkeit zu. So hält er Typ 1 für absolut unübersetzbar, Typ 2 für partiell übersetzbar und Typ 3 und 4 für optimal übersetzbar. Die Kriterien dieser Einteilung und Abgrenzung stützen sich auf unterschiedliche Auswirkungen der jeweils gegebenen Pragmatik des Textes und seiner Übersetzung.

Da die Pragmatik jedoch nur einen Aspekt der Übersetzungsproblematik darstellt, ist diese Form der Differenzierung für den Übersetzer als unzureichend einzustufen.

3.3 W. Koller

Koller unterscheidet die Vielzahl der Texte nach Fiktiv- und Sachtexten. Seine Klassifikation beruht auf der These, dass zwischen diesen beiden Texttypen nicht nur graduelle, sondern auch qualitative Unterschiede bestehen. Dies lässt sich aus der Perspektive des Lesers begründen. So erklärt er, dass der Leser einem Text mit unterschiedlichen Erwartungen entgegentritt- je nachdem, ob er ihn der Kategorie Fiktivtexte, bzw. der ästhetischen Kommunikation, oder der Kategorie Sachtexte, bzw. der sachlich/ fachlich orientierten Kommunikation, zuordnet. Diese unterschiedlichen Erwartungen muss der Übersetzer berücksichtigen und dementsprechend unterschiedliche Forderungen bezüglich der Übersetzungsäquivalenz ableiten.

Koller stellt drei Kriterien auf: 1. soziale Sanktion/ praktische Folgen

2. Fiktionalität

3. Ästhetik/ Vieldeutigkeit

Mit Hilfe dieser Kriterien erreicht Koller eine Abgrenzung zwischen Fiktiv- und Sachtexten, die übersetzungsrelevant ist.

Der Begriff „Sachtexte" umfasst eine äußerst heterogene Masse von Texten, weshalb laut Koller noch eine Unterteilung in weitere drei Kategorien nötig ist:

1. Sachtexte, die überwiegend allgemeinsprachlichen Charakter haben und die primär der nicht-fachlichen Kommunikation dienen (d.h. Gebrauchstexte verschiedenster Art)

2. Sachtexte, die allgemeinsprachlichen und fachsprachlichen Charakter haben und die der fachlichen Kommunikation mit und unter Nicht-Fachleuten, zum Teil aber auch mit und unter Fachleuten dienen (d.h. Fachtexte im weiteren Sinne, wie z.B. populärwissenschaftliche Schriften, Einführungswerke in Fachgebiete)

3. Sachtexte, die spezifisch fachsprachlichen Charakter haben und die der Kommunikation unter Fachleuten und Spezialisten dienen (d.h. Fachtexte im engeren Sinne, wie z.B. wissenschaftlich-technische Fachliteratur)

3.4 E. U. Große

Große teilt Texte auf Grund ihrer Funktionen in drei umfangreiche Bereiche ein:

1. Deskriptive Texte, die der Vermittlung von Wissen dienen

2. Narrative Texte, die Handlungen und Ereignisse in einer von primär temporalen Beziehungen dominierten Abfolge schildern

3. Argumentative Texte, die Ideen und Überzeugungen bewerten, sie in Beziehung zueinander setzen und sich gegeneinander bewerten

Letztere Gruppe benötigt laut Große noch folgende weitere Unterscheidung:

3.1 literarische Texte, die sich auf die imaginäre Welt beziehen

3.2 wissenschaftliche Texte, die auf die reale Welt beschränkt sind und versuchen, den Horizont gesicherten Wissens kontrolliert zu erweitern

3.3 didaktische Texte, die sich ebenfalls auf die reale Welt beziehen, im Gegensatz zu den wissenschaftlichen Texten sich aber auf gesichertes Wissen beschränken, das dem lernenden Textrezipienten vermittelt werden soll

Da Große sich allgemein der Linguistik verschrieben hat und nicht im Speziellen der Übersetzungswissenschaft, ist diese Klassifikation auch nur eingeschränkt auf den Übersetzungsprozess übertragbar. Sie bietet dem Übersetzer keine für ihn relevante Differenzierung, um daraus eine Methodik erarbeiten zu können.

4. Eine Texttypologie nach Katharina Reiß:

Katharina Reiß definiert den Texttypen wir folgt: „Texttyp wird verwendet zur Klassifikation nach universalen Grundformen der Textgestaltung in menschlicher Kommunikation: Inhaltsvermittlung, künstlerisch organisierte Inhaltsvermittlung, persuasiv gestaltete Mitteilung und – bei gleichzeitiger Textartmischung – multimediale Vermittlung der drei Grundtypen , d.h. eine Klassifikation nach der Zahl und Art der Ebenen, auf der ein Text kodiert ist." (Reiß/ Vermeer, 1984, S. 173)

Auf Grund dieser Definition ergeben sich für sie vier Texttypen, deren jeweiligen Merkmale wesentlich die Wahl der Übersetzungsmethode bestimmen. Auch gesteht K. Reiß durchaus ein, dass es in der Praxis oft Mischformen dieser Texttypen gibt, die zwei oder mehreren Gattungen zuzuordnen sind. Dies muss natürlich auch bei der Übersetzung berücksichtigt werden und erfordert eine hohe Sensibilität des Übersetzers in der Wahl der richtigen Mittel.

4.1 Der informative Text

Laut Katharina Reiß ist das Kennzeichen des informativen Textes seine Sachorientiertheit. Demzufolge geht es bei der Übersetzung um eine sachbezogene Vermittlung von realer oder fiktiver Information an eine zielsprachliche Gemeinschaft. In den Texten dieses Types herrscht die Darstellungsfunktion der Sprache vor. Die Intention des Autors ist im allgemeinen die Sinnvermittlung und die Weitergabe von Informationen, Kenntnissen und Wissen. Im Vordergrund steht hierbei der Redegegenstand, der das Material für den kommunikativen Vorgang stellt und durch seine Beschaffenheit weitgehend die Wahl der sprachlichen Mittel bestimmt.

Um die Textfunktion, der Vermittlung von Informationen, beim Übersetzen beizubehalten, muss das Ziel der Übersetzung die Invarianz auf der Inhaltsebene sein. Äußere Formelemente sind dabei notfalls beliebig austauschbar, solange keine Einbußen an Sachinformationen in der zielsprachlichen Version zu verzeichnen sind. Die Handhabung von Lexik, Syntax oder Stil wird den in der Zielsprache bei entsprechenden Textsorten üblichen Normen angepasst. Die innere Form, die durch den Redegegenstand und die zugehörige adäquate Redeweise gekennzeichnet ist, muss dagegen erhalten bleiben. Die äußere Form, die durch zweck-, und gemeinsprachliche Formulierungen unter Ausnutzung der darstellenden Funktion der Sprache charakterisiert ist, passt sich den zeilsprachlichen Gewohnheiten an. Hierbei sind allerdings die textsortengebundenen Formalien zu berücksichtigen, die in Ausgangs- und Zielsprache gravierende Unterschiede aufweisen können. So stellen z.B. Urkunden in verschiedenen Kulturen sehr unterschiedliche Anforderungen an den Übersetzer. Expressive oder appellative Merkmale der Sprache können bei der Übersetzung in den Hintergrund treten, wenn ihre Beibehaltung die unverkürzte und unverzerrte Übertragung der textimmanenten Sachinformationen behindern würde. Um all dies zu verwirklichen, muss der Übersetzer nach K. Reiß bei informativen, inhaltsbetonten Texten eine sachgerechte Übesetzungsmethode zu Hilfe ziehen.

Auch Goethe unterschied im Zusammenhang mit der Übersetzung literarischer Texte drei Texttypen. Der von Katharina Reiß als informativer Text definierte Typ „ macht uns", laut Goethe, „ in unserem eigenen Sinne mit dem Auslande [...] mit dem fremden Vortrefflichen mitten in unserer nationellen Häuslichkeit, in unserem gemeinen Leben bekannt." (Goethe, 1961, S. 234ff). Die dazu adäquate Art der Übersetzung bezeichnet er als „schlicht-prosaisch".

Sachorientierten, informativen Texten, bei denen die Darstellung des Redegegenstandes im Vordergrund steht, kann man beispielsweise folgende Textsorten zuordnen: Urkunden, Gebrauchsanweisungen, Berichte oder auch Sachbücher. Es folgt nun ein allgemeines Beispiel für den informativen Text:

> „Словарь рассчитан на лиц , изучающих язык, в частности на учащихся старших классовсредней школы и двух первых курсов высших учебных заведений.
> Словарь содержит около 40 тыс. слов. Большое внимание в словаре уделено разработке значений слов, показу их употребления и подбору соответствующих немецких переводов"

(Никонова, 1963, Стр. 3)

Diese Einleitung eines Russisch-Deutsch Wörterbuches soll den Leser über das vorliegende Werk in groben Zügen informieren- für wen ist es bestimmt, wieviele Wörter beinhaltet es und was bietet es als Übersetzungshilfe sonst noch.

4.2 Der expressive Text

Das Kennzeichen dieses Texttypes ist seine Senderorientiertheit, d.h. die individuelle künstlerische Prägung durch einen Autor. Bei der Übersetzung geht es daher um die Vermittlung eines Sprach- und Dichtkunstwerkes an eine zielsprachliche Gemeinschaft.

Bei diesem Typ steht der Urheber des Textes im Vordergrund, dem die Auswahl der sprachlichen Mittel obliegt und der demzufolge die Beschaffenheit des Textes durch seinen eigenen Mitteilungs- und Gestaltungswillen bestimmt. Diese individuelle Geprägtheit erfordert eine autorgerechte Übersetzungsmethode, die bei aller angestrebter semantischer Invarianz vor allem die Analogie der Gestaltung bewahren muss. Eingriffe in die Semantik sind hier erlaubt, wenn die Analogie der Expressivität dies aus ästhetischen Gründen verlangt. Die Übersetzung sollte sich am

Eigencharakter des Kunstwerkes orientieren und den Gestaltungswillen des Autors als Richtschnur nehmen. Lexik, Syntax, Stil und Aufbau des Textes werden so behandelt, dass sie eine dem expressiven Individualcharakter des Ausgangstextes analoge ästhetische Wirkung in der Zielsprache erzielen können. Gewahrt werden sollte dagegen die innere Form, die durch ästhetisch stimmige Wechselwirkungen zwischen Redegegenstand und Redeweise gekennzeichnet ist. Auch erhält sie durch die künstlerische Aussage, die der reinen Information hinzugefügt wird, eine zusätzliche, neue Note. Äußere Formelemente, bei denen in dichterischer Sprache die expressiven und assoziativen Möglichkeiten ausgenutzt werden, sind in dem Maße dieser Expressivität und Assoziationsträgerschaft nach ästhetischen Gesichtspunkten analog zu übertragen, d.h. sie sind nicht beliebig austauschbar.

Nach Goethe handelt es sich bei dieser Art der Übersetzung um „diejenige nämlich, wo man die Übersetzung mit dem Original identisch machen möchte, so dass eines nicht anstatt des anderen, sondern an der Stelle des anderen gelten sollte".(vgl. s. o.) Da der Übersetzer sich hier mit der Intention und dem Ausdruckswillen des Autors identifizieren muss, nannte Goethe diese Übersetzungsmethode „identifizierend". Aus dieser Identifikation heraus versucht der Übersetzer dann in der Zielsprache die analoge sprachliche und künstlerische Gestaltung des Textes zu erreichen.

Senderorientierte , expressive Texte sind z.B. Romane, Novellen, lyrische Texte oder auch Schauspiele.

Es folgt nun ein spezielles Beispiel für eben diesen Texttyp:

„Весна

Когда весной разбиты лед
Рекой взволнованной идет,
Когда среди полей местами
чернеет голая земля
И мгла ложится облаками
На полуюные поля,-
Мечтанье злое грусть лелеет
В душе неопытной моей;
Гляжу, природа молодеет,
Но молодеть лишь только ей;
Ланит спокойных пламень алый
С собою время уведет,
И тот, кто так страдал, бывало;
Любви к ней в сердце не найдет."

(Лермонтов, 1985, Стр.8)

10

4.3 Der operative Text

Das Kennzeichen des operativen Textes ist seien Verhaltensorientiertheit, d.h., dass sein sprachliche Gestaltung durch den Empfänger, bei dem Verhaltensimpulse, Reaktionen oder Aktionen ausgelöst werden sollen, bestimmt wird. Demzufolge kommt es bei der Übersetzung hauptsächlich auf die Erhaltung dieser operativen Wirkungsmöglichkeiten an.

Von der Wahl der sprachlichen Mittel hängt es also ab, ob der Empfänger den Text überhaupt als Appell an die eigene Aktivität versteht. Durch den gezielten Einsatz inhaltlicher und formeller Elemente der Zielsprache soll eine sprachexterne Effekt-auslösung sichergestellt werden. Ziel der Übersetzung ist es daher, bei aller wünschenswerter semantischer Invarianz und stilistischer Analogie, die Identität des textimmaneneten Appells zu erreichen. Eine appellgerechte Übersetzungsmethode berücksichtigt bei der sprachlichen Gestaltung demnach den sozio-kulturellen Hintergrund und die Mentalität des zielsprachlichen Empfängers.

Die innere Form der Texte ist durch ein Spannungsverhältnis zwischen Redegegenstand und Redeweise gekennzeichnet, welches es gilt beizubehalten. Die äußere Form, d.h. der appellative Gebrauch und die operativen Möglichkeiten der Sprache, werden den herrschenden Bedingungen in der Zielsprache angepasst. So bedürfen einzelne Formelemente, wie z.b. rhetorische und spezielle stilistische Mittel zur Einwirkung insbesondere auf die Willensphäre, z.T. einer gezielten Adaption an die Affekte und Emotionalität des zielsprachlichen Empfängers. Zur Erhaltung des Appells sind unter Umständen sogar Gegenstände zu verändern, da die unbedingte Notwendigkeit besteht, ihn der jeweiligen nationalen Subjektivität anzupassen, um gewünschte Verhaltensimpulse auszulösen.

Laut Goethe erfordert dies eine Art der Übersetzung, „wo man sich in die Zustände des Auslandes zwar zu versetzen, aber eigentlich nur fremden Sinn sich anzueignen und mit eigenem Sinne wieder darzustellen bemüht ist".(vgl. s.o.)

Zu den verhaltensorientierten operativen Texten gehören z.B. Propagandatexte, Reklame, Pamphlete, Predigten oder auch demagogische Texte.

Einen bedeutenden Bereich nimmt hier die Reklame ein. So ist bei dem Versuch, einen Empfänger für ein Produkt zu begeistern und ihn zum Kauf anzuregen, die kulturelle Einbindung des Textes von großer Bedeutung. Nicht jede Sprachgemeinschaft fühlt sich von denselben Werbesymbolen angesprochen. So wird in Deutschland erfolgreich mit dem Slogan „die konzentrierte Kraft der südlichen Sonne" für Orangensaft geworben. In südlichen, wärmeren Ländern kann dagegen keine Werbewirksamkeit durch diesen Ausspruch erwartet werden. Folglich geschieht auch keine Effektauslösung.

Ein allgemeines Beispiel für einen operativen Text stellt z.b. die Aufforderung „Bitte nicht stören"/ „Please do not disturb" an Hotelzimmertüren dar. Dies veranlasst den Leser, diesen Raum nicht zu betreten und löst erfolgreich einen Verhaltensimpuls aus. Bedingung ist allerdings der Leser ist der jeweils vewendeten Sprache mächtig, was allerdings für alle Arten von Texten geltend gemacht werden kann.

4.4 Der audio-mediale Text

Je nach Textsorte trifft bei diesem Typ eine der drei bisher genannten Übersetzungsmethoden zu. Das ist von der jeweiligen spezifischen kommunikativen Funktion (Darstellung, Appell oder Ausdruck) des vorliegenden Textes abhängig.

Von ausschlaggebendem Gewicht sind hier bei der Übersetzung aber die besonderen Bedingungen des technischen Mediums, z.B. Fernsehen oder Rundfunk, über das der Text den Empfänger erreicht und das Zusammenwirken mit anderen nichtsprachlichen Elementen graphischer, akustischer oder auch optischer Art. D.h., dass der Text nur Teil eines großen Ganzen ist und der Übersetzer auf diesen Verbundcharakter Rücksicht nehmen muss. So verbinden sich beispielsweise bei einem Lied Text und Musik, bei einem Bühnenwerk Text, Kulisse, Mimik, Gestik und unter Umständen auch noch Musik zu einem Gesamtkunstwerk. Die daraus folgende Eigengesetzlichkeit der Textgestaltung verlangt eine spezifische Übersetzungs-methode, die man als suppletorisch bezeichnen könnte, da sie zusätzliche Kriterien zu beachten hat. Für Bühnenwerke gilt hier die von George Mounin aufgestellte These: „Vor der Treue zum Wortlaut, zur Grammatik, zur Syntax und sogar zum Stil jedes einzelnen Satzes im Text muss die Treue zu dem kommen, was dieses Stück in seinem Ursprungsland seinen Erfolg auf der Bühne verschafft hat. Man muss die Bühnenwirksamkeit übersetzen, bevor man sich um die Wiedergabe der literarischen oder poetischen Qualitäten kümmert, und wenn dabei Konflikte entstehen, muss man der Bühnenwirksamkeit den Vorzug geben. Wie Mérimée sagte, ist nicht der

(geschriebene) Text zu übersetzen, sondern das (gesprochene bzw. gesungene) Spiel."
(George Mounin, 1982, S. 137) Durch die zusätzlichen Elemente der Textgestaltung, die diesen Texttyp auszeichnen, kann die Sprache gesteigert und ergänzt werden. Diese Steigerung muss der Übersetzer auch dem zielsprachlichen Empfänger zugänglich machen, was ihn durch unterschiedliche Rhythmik und Akzentuierung verschiedener Sprachen vor ein größeres Problem stellt, das er aber zu lösen hat. Demzufolge ist bei der Übersetzung hier mehr Freiheit gegeben als bei den vorhergehenden Texttypen. Notfalls darf auch hinzuerfunden werden, damit z.b. das Publikum eines synchronisierten Films genauso reagiert, wie das Publikum, das die Originalfassung zu sehen bekommen hat. Dies lässt sich auf fast alle audio-medialen Texte übertragen.

5. Das Verhältnis von Text- und Übersetzungsfunktion:

5.4 Die intentionsadäquate Übersetzungsmethode

In der von Katharina Reiß erarbeitetenKlassifikation der Texte wird davon ausgegangen, dass die Textfunktion und die Übersetzungsfunktion gleichgesetzt werden können, da die kommunikative Funktion des Ausgangstextes in der Zielsprache erhalten bleiben soll. Daher erarbeitet sie für die verschiedenen Texttypen intentionsadäquate Übersetzungsmethoden. Auf die soll hier aber nicht weiter eingegangen werden , da sie bereits in den vorhergehenden Kapiteln ausführlich beschrieben und erläutert worden sind.

5.5 Die funktionsadäquaten Übersetzungsmethoden

Auch wenn die oben genannte Übersetzungsmethode durchaus dem Normalfall gerecht wird, kommt es in der Praxis des Übersetzens zu Abweichungen davon, wenn die Funktion der Übersetzung ganz bewusst nicht mehr der ursprünglichen Textfunktion entspricht. Dies wirkt sich natürlich auch auf die Textgestaltung in der Zielsprache aus.

Hierbei ergeben sich zwei Möglichkeiten:

1. Die Übersetzung soll in der Zielsprache eine neue Textfunktionübernehmen. Als Beispiel wären hier Resümes von Dramen oder Romanen anzuführen, in denen ohne Rücksicht auf die künstlerische Form nur die Fabel herausgeschrieben wird. Auch resümierende Übersetzungen von Zeitungsartikeln und –kommentaren zur weiteren publizistischen Auswertung können hier mit eingerechnet werden. Bei der Übersetzung bestimmt nun nicht mehr die kommunikative Funktion des Ausgangstextes die sprachliche Gestaltung des zielsprachlichen Textes, sondern die neue Textfunktion und deren Erfordernisse müssen jetzt übergeordnet werden.

2. Die Übersetzung behält in der Zielsprache zwar ihre kommunikative Funktion, zielt aber auf einen anderen Empfängerkreis. Hier ist nun ein textfremdes übergeordnetes Kriterium Richtschnur für das übersetzerische Vorgehen. Dies zieht die Veränderung bestimmter inhaltlicher und formaler Elemente nach sich. Als Beispiel können popularisierende Versionen von Fachtexten oder für Jugendliche übersetzte Romane der Weltliteratur angeführt werden. Der Übersetzer muss nun einen völlig anderen Empfängerkreis als den des Ausgangstextes berücksichtigen und ansprechen und sprachliche und formale Mittel dementsprechend auswählen.

6. Mischformen von Texttypen

In der Abhandlung der Texttypologie ging es bisher um idealtypische Phänomene, d.h. typologische Reinformen der Texte. In der Praxis der übersetzerischen Tätigkeit liegen jedoch oft Mischformen der bereits genannten Texttypen vor. Dies ist dann der Fall, wenn zwei oder mehrere kommunikative Funktionen der Sprache ohne eine bestimmte Dominanz in einem Text nebeneinander existieren.

Ein politisches Kommentar ist nur ein Beispiel dafür. So soll neben der Kommentierung eines politischen Phänomens (Funktion der Informationsvermittlung) unter Umständen auch das verhalten des Empfängers beeinflusst werden (appellative Funktion). Auch auf den Tendenzroman, dessen sprachliche Gestaltung künstlerisch-

14

ästhetischen Normen folgt (expressiver Texttyp), gleichzeitig aber eine Verhaltensänderung beim Leser hervorrufen will (operativer Texttyp), kann hier verwiesen werden. Es gibt noch zahlreiche andere Beispiele, wie z.b. Lehrgedichte (expressiv, operativ, informativ), Biographien (expressiv, informativ), Satiren (expressiv, operativ) oder auch Werbung in Gedichtform (operativ, informativ, expressiv).

Bei diesen Mischformen von Texttypen muss der Übersetzer ein besonderes Fingerspitzengefühl beweisen. Es sollen ja alle Funktionen des Ausgangstextes gleichermaßen in die Zielsprache übertragen werden, ohne das eine von ihnen vernachlässigt wird. Demzufolge empfiehlt sich in diesen Fällen auch eine besondere Abwägung der jeweiligen schon besprochenen Übersetzungsmethoden.

7. Schlusswort

Zusammenfassend lässt sich sagen, dass der Übersetzer je nach vorliegendem Text die adäquate Übersetzungsmethode heranziehen muss. Bei informativen Texten geht es in erster Linie um die Vermittlung von Informationen und demzufolge ist die Übersetzung um Invarianz auf der Inhaltsebene bemüht. Handelt es sich um expressive Texte, erfordert die Übersetzung bei aller wünschenswerter semantischer Invarianz vor allem die Analogie der künstlerischen Gestaltung. Die Aussage des Autors steht im Vordergrund und soll in eine andere Kultur und Sprache weitergetragen werden. Der operative Text stellt die Analogie des textimmanenten Appells als oberstes Gebot an den Übersetzer an erste Stelle. Bei aller erstrebenswerter semantischer Invarianz und stilistischer Analogie müssen identische Verhaltensimpulse bei den Empfängern des zielsprachlichen und des ausgangssprachlichen Textes ausgelöst werden. Audio-mediale Texte dagegen sind durch ihren Verbundcharakter gekennzeichnet. Der Übersetzer muss sein Augenmerk daher besonders auf die veränderlichen Medien-bedingungen und die Rolle der nichtsprachlichen Ausdrucksmittel legen.

Diese idealtypische Klassifikation und die davon abgeleiteten Übersetzungsmethoden müssen auf Grund der in der Praxis häufig vorkommenden Mischformen von Texten durch den Übersetzer von Fall zu Fall angepasst und verändert werden. Dies sollte jedoch immer in Hinblick auf die kommunikative Funktion des vorliegendem Textes und unter Berücksichtigung des zielsprachlichen Empfängers geschehen.

8. Bibliographie

Glinz, Hans, 1973, „Textanalyse und Verstehenstheorie I", Studienbücher zur Linguistik und Literaturwissenschaft, Bd. 5, Frankfurt/Main

Goethe, Johann Wolfgang, 1961, dtv Gesamtausgabe, Bd. 5, München

Große, E. U.,1974, „Texttypen", Stuttgart

Koller, Werner, 1992, „Einführung in die Übersetzungswissenschaft", Heidelberg

Mounin, George, 1967, „Die Übersetzung", München

Reiß, Katharina, 1993, „Textyp und Übersetzungsmethode. Der operative Text", Heidelberg

Reiß, Katharina/Vermeer, H. J, 1984, „Grundlegung einer allgemeinen Translationstheorie", Tübingen

Лермонтов, М. Ю., 1985, "Классики и Современники" , Москва

Нинова, О. Н., 1963, Русско-немецкий словарь, 4ое издание, Москва